A B C

OU

INSTRUCTION DES ENFANS,

QUI CONTIENT

LES PRINCIPES DE LA LECTURE,

ET LE PETIT CATÉCHISME.

MONTBÉLIARD,
DE L'IMPRIMERIE DE TH.-FRÉD. DECKHERR.

a b c d e f g h i j k l m n
o p q r s t u v x y z.
*a b c d e f g h i j k l m n
o p q r s t u v x y z.*

A B C D E F G H I J
K L M N O P Q R S
T U V X Y Z.

Voyelles.
a e i o u y.

Voyelles accentuées.
à â é è ê î ï ô ù û ü.

Consonnes.
b c d f g h k l m n p q r s t v x z.

Consonnes doubles.
ct. ff. fl. ffl. ss. st.

Lettres ressemblantes.
bh. bd. bq. ce. mn. un. pb. pq. it.

SYLLABES SIMPLES.

Ba	be	bi	bo	bu
Ca	ce	ci	co	cu
Da	de	di	do	du
Fa	fe	fi	fo	fu
Ga	ge	gi	go	gu
Ha	he	hi	ho	hu
Ja	je	ji	jo	ju
La	le	li	lo	lu
Ma	me	mi	mo	mu
Na	ne	ni	no	nu
Pa	pe	pi	po	pu
Qua	que	qui	quo	quu
Ra	re	ri	ro	ru
Sa	se	si	so	su
Ta	te	ti	to	tu
Va	ve	vi	vo	vu
Xa	xe	xi	xo	xu
Za	ze	zi	zo	zu

LE PETIT CATÉCHISME.

Demande :
De quelle Religion es-tu ?

Réponse :
Je suis de la Religion chrétienne.

Demande :
Pourquoi ?

Réponse :
Parce que je crois en Jésus-Christ, et que j'ai été baptisé en son Nom.

Du Baptême.

Demande :
Qu'est-ce que le Baptême ?

Réponse :
Le Baptême est un Sacrement ou un signe divin, par lequel Dieu le Père certifie par Jésus-Christ son

Du Baptême.

Fils avec le Saint-Esprit, qu'il veut être un Dieu propice à celui qui est baptisé, et qu'il lui pardonne tous ses péchés de sa seule et pure grâce, pour l'amour de Jésus-Christ, et qu'il l'adopte pour son enfant et héritier de tous ses biens célestes.

Demande :

Récite les témoignages de l'Ecriture Sainte, par lesquels l'institution de ce Sacrement est prouvée.

Réponse :

Au dernier Chapitre de Saint Matthieu, Jésus parlant à ses Disciples, dit : Toute puissance m'est donnée au Ciel et en la Terre. Allez donc et enseignez toutes les Nations, les baptisant au nom du Père, du Fils et du Saint-Esprit, et les enseignant de garder toutes les choses que je vous ai commandées.

Et au dernier de Saint Marc : Allez, par tout le monde, et prêchez l'Evangile à toute Créature : Qui croira et sera baptisé, sera sauvé : Mais qui ne croira point sera condamné.

Du Symbole de la Foi Chrétienne.

Demande :

Récite les douze Articles de la Foi Chrétienne ?

Réponse :

1. JE crois en DIEU le Père Tout-Puissant, Créateur du Ciel et de la Terre.

2. Et en Jésus-Christ son seul Fils notre Seigneur.

3. Qui a été conçu du Saint-Esprit, né de la Vierge Marie.

4. A souffert sous Ponce-Pilate, a été crucifié, mort et enseveli.

5. Est descendu aux enfers,

Des Articles de la Foi.

le troisième jour est réssuscité des morts.

6. Est monté aux Cieux : s'est assis à la droite de Dieu le Père Tout-Puissant.

7. De-là il viendra pour juger les vivans et les morts.

8. Je crois au Saint-Esprit.

9. Je crois la sainte Eglise universelle, la communion des Saints.

10. La rémission des Péchés.

11. La résurrection de la chair.

12. Et la vie éternelle.

Demande :

Quel profit te revient-il de cette Foi ?

Réponse :

Le profit qui m'en revient est, que je suis réputé devant Dieu juste et saint pour l'amour de Jésus-Christ : et que le Saint-Esprit m'est donné pour prier et invoquer Dieu comme

8 *De la Prière Dominicale.*

Père, et régler ma vie selon ses saints Commandemens.

DE LA PRIÈRE.

Demande :

Comment pries-tu Dieu quand tu l'invoques ?

Réponse :

Je le prie comme notre Seigneur Jésus-Christ lui-même nous a enseigné de le prier.

Demande :

Récite cette Prière ?

Réponse :

NOTRE Père qui es aux Cieux :
1. Ton Nom soit sanctifié :
2. Ton Règne vienne :
3. Ta volonté soit faite sur la Terre comme au Ciel :
4. Donne-nous aujourd'hui notre pain quotidien :
5. Pardonne-nous nos offenses comme nous pardonnons à ceux qui nous ont offensés :

Des dix Commandemens.

6. Et ne nous induis pas en tentation :

7. Mais délivre-nous du mal ; Car à toi est le Règne, la Puissance et la Gloire éternellement. Ainsi soit-il.

DES COMMANDEMENS
DE DIEU.

Demande :

Quels sont les Commandemens de Dieu, selon lesquels nous devons vivre ?

Réponse :

Ce sont ceux qui sont renfermés dans le Décalogue.

Demande :

Récite-les ?

Réponse :

1. JE suis le Seigneur ton Dieu, qui t'ai tiré du pays d'Egypte, de la maison de servitude;

tu n'auras point d'autres Dieux devand moi. Tu ne te feras aucune image taillée, ni aucune ressemblance des choses qui sont là-haut au Ciel, ni ici-bas sur la Terre : Tu ne te prosterneras point devant elles, et tu ne les serviras point : Car je suis le Seigneur ton Dieu, un Dieu jaloux, punissant l'iniquité des Pères sur les Enfans jusqu'en la troisième et la quatrième génération de ceux qui me haïssent ; et faisant miséricorde en mille générations à ceux qui m'aiment et qui gardent mes Commandemens.

2. Tu ne prendras point le nom du Seigneur ton Dieu en vain : Car le Seigneur ne tiendra point pour innocent celui qui aura pris son Nom en vain.

3. Aye souvenance du jour du

Des dix Commandemens.

repos pour le sanctifier. Six jours tu travailleras, et tu feras toute ton œuvre, mais le septième jour est le repos du Seigneur ton Dieu, tu ne feras aucune œuvre en ce jour-là, ni toi, ni ton fils, ni ta fille, ni ton serviteur, ni ta servante, ni ton bétail, ni l'étranger qui est dans tes portes : Car dans six jours le Seigneur a fait le Ciel, la Terre, la Mer et tout ce qui est en eux ; et s'est reposé le septième jour : C'est pourquoi le Seigneur a béni le jour du repos, et l'a sanctifié.

4. Honore ton Père et ta Mère, afin que tes jours soient prolongés sur la Terre, laquelle le Seigneur ton Dieu te donne.

5. Tu ne tueras point.

6. Tu ne paillarderas point.

7. Tu ne déroberas point.

Des dix Commandemens.

8. Tu ne diras point de faux témoignage contre ton prochain.

9. Tu ne convoiteras point la maison de ton prochain.

10. Tu ne convoiteras point la femme de ton prochain, ni son serviteur, ni sa servante, ni son bœuf, ni son âne, ni aucune chose qui soit à ton prochain.

Demande :

Pourquoi nous sont donnés les dix Commandemens ?

Réponse :

Premièrement, afin que nous apprenions par eux à connaître nos péchés : Secondement, afin que nous apprenions à connaître quelles œuvres sont agréables à Dieu, et lesquelles nous devons faire pour mener une vie chrétienne et honnête.

Des dix Commandemens.

Demande :

Pouvons-nous accomplir les Commandemens de Dieu parfaitement ?

Réponse :

Non ; Car nos œuvres ne sont point parfaitement bonnes, parce que nous sommes conçus et nés dans le péché, mais afin que nous fussions sauvés le Seigneur notre Dieu nous a donné son seul Fils, notre Seigneur Jésus-Christ, qui ne fit jamais de péché et qui a très-parfaitement accompli tous les Commandemens de Dieu : C'est pourquoi, si nous croyons en Jésus-Christ, Dieu nous répute de sa seule et pure Grâce, pour l'amour de son Fils, comme si nous avions nous-mêmes accompli tous ses Commandemens.

14 *Des dix Commandemens.*

Demande :

Pourquoi devons-nous donc faire de bonnes œuvres ?

Réponse :

Ce n'est pas que par elles nous puissions satisfaire pour nos péchés, et mériter la vie éternelle : Car Jésus-Christ seul a satisfait pour nos péchés, et nous a acquis la vie éternelle ; mais nous devons faire de bonnes œuvres pour montrer notre foi, et pour remercier le Seigneur Dieu de tous ses bienfaits.

DE LA SAINTE CÈNE.

Demande :

Comment pouvons-nous confirmer notre Foi dans l'adversité, et être consolés dans nos afflictions ?

Réponse :

En recevant la Cène de notre Seigneur Jésus-Christ.

De la Sainte Cène.

Demande :

Qu'est-ce que la Cène ?

Réponse :

C'est un Sacrement, ou un Signe divin, par lequel Jésus-Christ vraiment présent, nous offre et nous donne son Corps et son Sang, avec le pain et le vin, et nous assure que nos péchés nous sont pardonnés, et que la vie éternelle nous appartient.

Demande :

Récite les paroles par lesquelles les Evangélistes et Saint Paul décrivent l'institution de la Cène du Seigneur ?

Réponse :

LE Seigneur JÉSUS la nuit qu'il fut trahi, soupa avec ses Disciples, prit du Pain, et l'ayant béni et rendu Grâces, le rompit et le donna à ses Disciples, disant :

De la Sainte Céne.

Prenez, mangez, ceci est mon Corps qui est livré pour vous. Faites ceci en mémoire de moi.

De même il prit la Coupe, après qu'il eut soupé et rendu grâces, la leur donna, disant : Buvez-en tous, ceci est mon Sang, le Sang du nouveau Testament, qui est répandu pour vous et pour plusieurs en rémission des péchés : Faites ceci toutes les fois que vous en boirez en mémoire de moi.

DES CLEFS DE L'ÉGLISE.

Demande :

Quels sont les Clefs du Royaume des Cieux ?

Réponse :

Le Ministère, ou la Prédication de l'Evangile de Jésus-Christ notre Sauveur.

Des Clefs de l'Eglise.

Demande :

Récite-moi quelques passages des Evangélistes, par lesquels Jésus-Christ institue le Ministère de son Evangile ?

Réponse :

EN saint Luc Chapitre dixième, Jésus-Christ dit à ses Disciples, lesquels il envoyait pour prêcher le Royaume de Dieu : Qui vous écoute, il m'écoute, et qui vous méprise, il me méprise.

Et en saint Matthieu Chapitre seizième : Je te donnerai les Clefs du Royaume des Cieux : Tout ce que tu lieras sur la Terre, sera lié aux Cieux : Et tout ce que tu délieras sur la Terre, sera délié aux Cieux.

Et en saint Jean Chapitre vingtième : Recevez le Saint-Esprit ; A quiconque vous pardonnerez les péchés, ils leur seront pardonnés :

Et à quiconque vous les retiendrez, ils leur seront retenus.

Le Sommaire de la Loi.

I. Tu aimeras le Seigneur ton Dieu de tout ton cœur, de toute ton ame, et de toutes tes forces;

C'est là le premier et le plus grand Commandement; et le second qui est semblable à celui-là, est:

II. Tu aimeras ton prochain comme toi-même.

Toute la Loi et les Prophètes se réduisent à ces deux Commandemens.

Le Sommaire de l'Evangile.

Dieu a tellement aimé le monde qu'il a donné son Fils unique, afin que quiconque croit en lui ne périsse point, mais qu'il ait la vie éternelle. St. Jean III. 16.

Le Sommaire du Christianisme.

La Grâce de Dieu salutaire à tous les hommes, a paru dans le

Prière avant le Repas.

monde; et c'est elle qui nous enseigne, qu'en renonçant à l'impiété, et aux convoitises mondaines, nous vivions en ce présent Siècle sobrement, justement et religieusement; en attendant la béatitude que nous espérons, et la glorieuse apparition du grand Dieu, qui est notre Sauveur Jésus-Christ, qui s'est donné lui-même pour nous, afin qu'il nous rachetât de toute iniquité, et qu'en nous purifiant de nos péchés, il se fit un Peuple, qui fut son Peuple particulier, et zélé pour les bonnes œuvres. Tit. II. 11-14.

Prière avant le Repas.

LES yeux de toutes les Créatures s'attendent à toi, Seigneur, et tu leur donnes leur nourriture dans le temps qu'il faut: Tu ouvres ta main bienfaisante, et tu rassasies de ta bénédiction toute Créature vivante;

Seigneur Dieu, béni-nous, et sanctifie les biens que nous allons recevoir de ta libérale main, par Jésus-Christ notre Seigneur. Ainsi soit-il.

Notre Père qui es aux Cieux, etc.

Prière après le Repas.

RENDONS grâces au Seigneur; car il est bon, et sa miséricorde dure éternellement; c'est lui qui donne au bétail sa pâture, et la nourriture à toute chair.

Seigneur Dieu nous te rendons grâces de tous les biens que tu as répandus sur nous, et en particulier de ceux que nous venons de recevoir de ta libérale main, par notre Seigneur Jésus-Christ. Amen.

Notre Père qui es aux Cieux, etc.

Prière du Matin.

SEIGNEUR Dieu, Père céleste, je rends grâces et louanges à ta grande bonté, de ce que tu m'as conservé pendant la nuit passée, et pendant toute ma vie ; Et puisque cette vie, aussi-bien que mon corps et mon ame t'appartiennent, reçois de nouveau l'offrande que je t'en fais, afin que le tout soit consacré à ta gloire et à ton service. Enseigne-moi et me conduis par ton Saint-Esprit de telle manière, que je vive dans ta crainte, dans ton amour et dans l'obéissance à ta sainte volonté. Dirige tellement mes pensées, mes paroles et mes actions, qu'elles tendent toutes à ta gloire, à l'édification de mon prochain et à mon salut. Préserve-moi de tout péché, et de tout accident fâcheux. Prends sous ta protection tous nos supérieurs, avec nos Parens, nos amis, la Chrétienneté, et généralement tous les hommes. Bénis-les et les conduis tous par ta parole et par ton Esprit au Salut éternel, par Jésus-Christ notre Sauveur. Ainsi soit-il.

Notre-Père, qui és aux Cieux, etc.

Prière du Soir.

SEIGNEUR Dieu Tout-Puissant et miséricordieux, reçois de nouveau les louanges et les actions de Grâces que je te présente; et que l'élévation de mon cœur te soit agréable comme le sacrifice du soir. Je te remercie humblement de ce que par un effet de ta bonté, tu m'as conservé jusqu'à présent la vie et la subsistance. Pardonne-moi toutes les fautes et offenses que j'ai commises par pensées, désirs, paroles et actions. Enseigne-moi par ton Saint-Esprit à mieux employer le reste de ma vie que je n'ai fais le jour passé; et m'affermi dans la Foi en Jésus-Christ, afin que je marche sur ses traces. Je remets entre tes paternelles mains, mon corps et mon ame, avec mes Supérieurs, mes Parens, mes amis, et tous les autres hommes. Que les Anges campent autour de nous, et fais que nous reposions en sûreté sous ta divine protection, pour l'amour de JÉSUS-CHRIST notre Seigneur. Ainsi soit-il.

Notre Père, qui es aux Cieux, etc.

COURTES PRIÈRES
tirées de l'Ecriture Sainte.

QUE les propos de ma bouche, et la méditation de mon cœur te soient agréables, ô Eternel, mon Rocher, et mon Rédempteur!

O Dieu, crée en moi un cœur net, et renouvelle au-dedans de moi un Esprit bien remis. Ne me rejette point de devant ta Face, et ne m'ôte point l'Esprit de ta Sainteté.

Ne te souviens point des péchés de ma jeunesse, ni de mes transgressions; Mais selon ta gratuité souviens-toi de moi, ô Eternel!

O Dieu, sois appaisé envers moi qui suis pécheur!

Que le Sang de Jésus-Christ le Fils de Dieu me purifie de tout péché.

Enseigne-moi à faire ta volonté, car tu es mon Dieu: Que ton bon Esprit me conduise comme par un Pays uni.

Mets, Seigneur, une garde à ma bouche, et ne permets pas que mon cœur se laisse aller à des choses mauvaises, tellement que je péche par malice.

Je remets mon esprit et mon corps en ta main ; car tu m'as racheté, ô Eternel, Dieu de vérité.

Seigneur Dieu, Père céleste,
Seigneur Dieu, Fils,
Seigneur Dieu, St. Esprit,
aye pitié de moi.

Seigneur Jésus, Fils de Dieu, Agneau de Dieu, qui ôtes les péchés du monde, aye pitié de nous. Amen.

Chiffres Arabes.

1. 2. 3. 4. 5. 6. 7. 8. 9. 10. 20. 30. 40. 50. 60. 70. 80. 90. 100. 1000.

Chiffres Romains.

I. II. III. IV. V. VI. VII. VIII. IX. X. XX. XXX. XL. L. LX. LXX. LXXX. XC. C. D. M.

FIN.

www.ingramcontent.com/pod-product-compliance
Lightning Source LLC
Chambersburg PA
CBHW060927050426
42453CB00010B/1889